Weihnachtskarten im Handumdrehen

Über selbst gemachte Weihnachtsgrüße freut sich der Bedachte besonders und stellt die Karten gerne an einem besonderen Platz auf.

Die Karten sind in weniger als einer halben Stunde gebastelt. Sie brauchen dazu verschiedene Papiere, einige wenige Dekomaterialien wie Perlen oder Bänder, eine Schere und Klebstoff und schon kann es losgehen. Bald können Sie Ihre Weihnachts- und Neujahrsgrüße mit leuchtenden Sternen oder dem Weihnachtsmann, als Geldgeschenkkarte oder mit niedlichen Glücksbringern verschicken. Für jeden Geschmack ist etwas dabei!

Alle Karten passen in Standardkuverts und lassen sich problemlos mit der Post verschicken. Viel Spaß wünscht Ihnen

Sigrid Heinzmann

Die Motive lassen sich in folgende Schwierigkeitsgrade unterteilen:

● ○ ○ einfach ● ● ○ etwas schwieriger ● ● ● anspruchsvoll

IHRE GRUNDAUSSTATTUNG

Diese Werkzeuge und Materialien benötigen Sie für die meisten Objekte im Buch, sie werden in den Materiallisten nicht gesondert erwähnt.

- Skalpellmesser mit geeigneter Unterlage
- Transparent- oder Butterbrotpapier zum Übertragen der Vorlagen
- evtl. dünner Karton in Weiß und Kohlepapier für Schablonen
- Bleistift (Härte B)
- Radiergummi
- Papierschere, Nagelschere, evtl. Silhouettenschere
- gleichschenkliges Dreieck, Lineal
- Klebstoff, z. B. UHU flinke Flasche
- Klebestift, z. B. UHU Stic
- Klebefilm
- Nähnadel, Sticknadel

Materialien und Hilfsmittel

Alle verwendeten Materialien und Hilfsmittel sind im Bastel- und Schreibwarenhandel erhältlich. Die meisten Karten sind aus geprägtem Künstlerkarton gefertigt, alternativ lassen sich aber auch Fotokarton oder fertige Karten verwenden.

Motive übertragen

Alle Motive sind original groß auf dem Vorlagenbogen abgedruckt. Transparentpapier auf das Motiv legen und mit einem weichen Bleistift alle Motivteile ohne Überschneidungen nachziehen. Zum Abpausen anschließend das Transparentpapier mit der Bleistiftseite auf den ausgewählten Tonkarton legen. Die Konturen mit einem spitzen Bleistift oder Kugelschreiber übertragen. Sollen mehrere Objekte gebastelt werden, eine Kartonschablone anfertigen. Dafür zwischen Vorlage und Karton Kohlepapier legen und die Konturen nachziehen. Die Kartonschablone mit einer Schere oder einem Cutter ausschneiden. Die Schablone auf den ausgewählten Karton legen, ggf. mit Klebestreifen oder Büroklammern fixieren, mit dem Bleistift umfahren und das Motivteil ausschneiden.

Karten falten und zuschneiden

Vor dem Ausschneiden der Karte immer zuerst den Karton falten. Am besten die Falzstelle mit einer Stricknadel und einem Lineal vorritzen, dann lassen sich die Karten exakt falten. Den Falz mit dem Finger oder bei stärkerem Karton mit einem Falzbein nachziehen. Nun die Kartenschablone an den Falz legen, die Linien mit einem Bleistift nachzeichnen und mit dem Cutter schneiden.

Beschriftungen

Die Karten lassen sich am besten mit wasserfesten Stiften oder einem Kalligraphie-Füller von Hand beschriften oder mit selbstklebenden Abziehschriften gestalten. Schöne Schriftzüge und Gedichte können auch an dem PC gestaltet und auf farbigem Papier ausgedruckt werden. Mit einem Kopierer können je nach Bedarf Text- und Schriftvorlagen vergrößert oder verkleinert werden.

Einlegeblätter

Für die Glückwünsche kann zusätzlich noch in jede Karte ein Einlegeblatt aus nach Ihren Wünschen ausgewähltem Papier eingeklebt werden. Dazu das Papier etwas kleiner als die Karte zuschneiden und in der Mitte falten. Die Einlegeblätter lassen sich auch mit einer schönen Kordel oder einem schmalen Band einbinden.

Umschläge

Im Handel sind verschiedene Schablonenformen und -größen aus Kunststoff zum Gestalten von Umschlägen erhältlich. Hiermit lassen sich aus dünneren Papieren wie Tonzeichenpapier, Folien oder auch Packpapieren individuell für Ihre Karten die passenden Umschläge basteln. Mithilfe der Schablonen lassen sie sich einfach und exakt zuschneiden und falten.

Klebstoff

Zum Kleben der Karten möglichst keine lösungsmittelfreien Klebstoffe verwenden, da sich bei diesen das Papier oft wellt. Zum vollflächigen Kleben von Transparentpapieren doppelseitige Klebefolie verwenden. Für dünnere Papiere und Bänder einen Klebestift benutzen, da Flüssigkleber meist durchschlägt und hässliche Flecken ergibt. Ideal bei Flüssigklebern sind tropffreie Gel-Kleber, vor allem beim Aufkleben von kleineren Motiven. Zum Fixieren von Geldscheinen ein Stück doppelseitige Klebefolie oder ein Stück umgeknickten Klebefilm (beide Klebeflächen zeigen nach außen) verwenden um den Geldschein nicht zu beschädigen.

Diese Größenangaben beziehen sich auf die Materiallisten im Buch. Fertigen Sie sich eine Schablone in der geklappten Kartengröße an und beachten Sie bitte die allgemeine Anleitung auf dieser Doppelseite.

Form A
Kuvertschnitt für Karte in der Größe 13,5 cm x 13,5 cm (siehe Vorlagenbogen 1B)

Form B
16,8 cm x 23 cm (für Kartengröße geklappt 11,5 cm x 16,8 cm)

Form C
17 cm x 24 cm (für Kartengröße geklappt 12 cm x 17 cm)

Form D
13,5 cm x 27 cm (für Kartengröße geklappt 13,5 cm x 13,5 cm)

Form E
21 cm x 21 cm (für Kartengröße geklappt 10,5 cm x 21 cm)

Form F
10,5 cm x 29,6 cm (für Kartengröße geklappt 10,5 cm x 14,8 cm)

Raffiniert umwickelt

→ einfach und schnell

MATERIAL
GRÜNE KARTE MIT STERN UND MOND

- Fotokarton in Grün, A4, Form C
- Schmuck- oder Wickeldraht in Rot und Grün glänzend, ø 0,5 mm, 25 cm lang
- 2 Abziehsternchen in Gold, ø 4 mm und 6 mm
- Abziehschrift in Gold: Weihnachtsgruß
- Goldliner, 2 mm bis 4 mm Strichbreite

ROTE KARTE MIT TANNE

- Künstlerkarton in Rot, A4, Form C
- Künstlerkartonrest in Tannengrün
- Fotokartonrest in Silber
- 6 Paillettensterne in Silber, ø 6 mm
- Silberdraht, ø 0,4 mm, 60 cm lang
- Gelstift in Silber

BLAUE KARTE MIT GLOCKE

- Künstlerkarton in Mittelblau, A4, Form C
- Künstlerkartonreste in Gelb und Dunkelblau
- 8 Paillettensterne in Gold, ø 6 mm bis 1 cm
- Schmuck- oder Wickeldraht in Grün glänzend, ø 0,5 mm, 20 cm lang
- Gelstift in Gold

VORLAGENBOGEN 1A

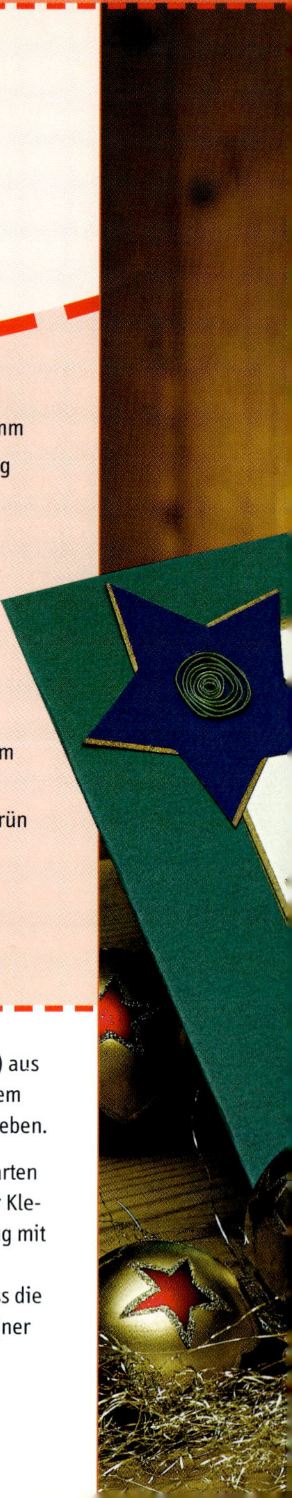

1 Die Grundkarten und die Vierecke zuschneiden. Die Karten falzen und die Zuschnitte aufkleben.

2 Die weihnachtlichen Motive ausschneiden. Die Mond- und Glockenform nach Abbildung mit dem weichen Draht umwickeln und die Drahtenden mit Klebefilm auf der Motivrückseite fixieren. Für die Tanne fünf kleine Schnecken (ca. ø 9 mm) aus dem silbernen Draht, für den Stern eine Schnecke (ø 1,5 cm) aus dem grünen Draht biegen. Mit einem Tropfen Klebstoff auf die Motive kleben.

3 Die fertigen Motive auf den Karten platzieren und mit Pailletten- oder Klebesternen verzieren. Den Schriftzug mit Gelstift aufschreiben oder fertige Schriftzüge aufkleben. Zum Schluss die Ausschnitte mit Gold- oder Silberliner einrahmen.

Merry Christmas
Joyeux Noël
FROHE FESTTAGE
UND EIN GUTES
NEUES JAHR

Sternenglanz

→ mit edlem Blattgold

MATERIAL PRO KARTE
- Blattmetall oder Zauberfolie in Gold oder Silber
- Haftmedium und Pinsel oder Folienkleber
- Motivlocher: Stern, ø 6 mm und ggf. ø 1,5 cm und 2,5 cm

ZUSÄTZLICH KARTE IN GOLD
- Fotokarton in Gold, A3, Form E
- Feinripp-Wellpapperest in Weiß
- Lurexkordel in Kupfer, ø 1 mm, 1,8 m lang
- Abziehschrift in Gold: Weihnachtsgrüße

KARTE MIT GROSSEM STERN
- Künstlerkarton in Eisblau, A4, Form F
- Künstlerkartonrest in Mittelblau
- Fotokartonrest in Gold
- Goldkordel, ø 1 mm, 1 m lang
- Gelstift in Gold

KARTE IN SILBER
- Fotokarton in Silber, A4, Form F
- Künstlerkartonrest in Dunkelblau
- Silberkordel, ø1 mm, 65 cm lang
- Abziehschrift in Silber: Weihnachtsgrüße

VORLAGENBOGEN 1A

1 Die großen Motive ausschneiden, die kleineren Sterne mit dem Motivlocher ausstanzen. Stellenweise Haftmedium auftragen und antrocknen lassen. Das Blattmetall mit einem weichen Pinsel andrücken und sofort wieder abziehen. Nach dem Trocknen lässt sich das überschüssige Material mit einem Pinsel oder weichen Lappen entfernen. Zum Auftragen der Zauberfolie die matte Seite auf stellenweise aufgetragenen Folienkleber drücken und abziehen.

2 Die Grundkarten, Vierecke und Streifen zuschneiden.

a Bei der goldenen Karte die Lurexkordel nach Vorlage um die Kartenseite wickeln und die Enden auf der Karteninnenseite mit Klebefilmstreifen fixieren.

b Bei der silbernen Karte die Kordel nach Vorlage von der Karteninnenseite aus zu dem oberen blauen Kartoneck auf der Vorderseite führen und wieder zurück auf die Karteninnenseite ziehen. Die Kordel abschneiden und das Ende mit Klebefilm fixieren. Die restliche Kordel erneut wie zuvor um die untere blaue Kartonecke wickeln.

c Für die Karte mit großem Stern die Kordel zweimal um den Karton wickeln, bei der dritten Reihe den Stern auffädeln und die restliche Schnur umwickeln. Die Enden auf der Kartoninnenseite mit Klebefilm fixieren. Den Stern zurechtschieben und evtl. mit einem Tropfen Klebstoff fixieren.

3 Die Motive nach Abbildung auf den Schnüren und Karten anbringen und die Kartonzuschnitte aufkleben. Die Schriftzüge aufschreiben oder aufkleben.

Frohe Festtage
Prettige Kerstdagen
Frohe Weihnachten
Feliz Navidad
Fröhliche Weihnachten
Frohe Festtage

Fröhliche Weihnachten
frohes fest
Gutschein

Festlich bestickt

→ kleine Unikate

1 Die Einlegeblätter zuschneiden, in die Karten legen und die Passepartout-Ausschnitte mit Bleistift aufzeichnen.

2 Die Serviettenmotive rundum ca. 1 cm größer als der Ausschnitt ausschneiden und die beiden unbedruckten Papierlagen entfernen. Von der Klebefolie die obere Schutzfolie entfernen und das Serviettenmotiv darauf platzieren. Die untere Schutzfolie entfernen und das Motiv auf die markierte Stelle des Einlegeblattes kleben.

3 Mit einer dickeren Sticknadel kleine Löcher an den Motivteilen vorstechen, die bestickt werden sollen, damit die Karte beim Sticken nicht verknickt. Den Goldfaden doppelt legen, am Ende verknoten und von der Rückseite des Einlegeblattes beginnend die Karten laut Abbildung mit kleinen Stiel-, Ketten- oder Steppstichen besticken. Das Stickgarn beim Schneemann einfach verwenden. Die Fadenenden auf der Rückseite mit Klebefilm fixieren.

4 Beim Schneemann halbierte Holzperlen als Knöpfe und beim Pferdesattel rote Strasssteinchen aufkleben. Auf die Tanne Paillettensterne und Glasperlen nähen.

5 Die Einlegeblätter mit den Motiven hinter die Kartenausschnitte kleben. Mit separaten Einlegeblättern die bestickten Rückseiten verdecken. Die Schriftzüge aufschreiben. Die Schneemannkarte noch mit kleinen ausgeschnittenen Serviettensternchen verzieren.

MATERIAL PRO KARTE

- Passepartoutkarte in Weiß oder Grün mit quadratischem oder rechteckigem Ausschnitt, A6
- Serviettenmotiv: Pferd, Schneemann oder Tanne
- doppelseitige Klebefolie, 10 cm x 10 cm
- Fotokartonrest in Weiß (Einlegeblatt)
- Gelstift in Gold oder Buntstift in Grün

ZUSÄTZLICH
KARTE MIT PFERD

- 9 Strassklebesteinchen in Rot, ø 3 mm
- Goldfaden, ø 0,1 mm

KARTE MIT SCHNEEMANN

- 2 Holzperlen in Rot, ø 6 mm
- Stickgarn in Braun und Grün

KARTE MIT TANNE

- 5 Paillettensterne in Gold, ø 5 mm
- 5 Rocaillesperlen in Grün, ø 2 mm
- Goldfaden, ø 0,1 mm

VORLAGENBOGEN 1A

Country-Weihnachten

→ mit Nikolaus und Lebkuchenmann

MATERIAL PRO KARTE

- Fotokarton in Grün oder Kokosbraun, A4, Form C
- Plusterfarbe in Weiß, Rot und Schwarz sowie ggf. Grün und Braun

ZUSÄTZLICH KARTE MIT NIKOLAUS

- Künstlerkartonreste in Sand, Rot, Weiß, Schwarz und Gelb
- Karoband in Rot-Weiß, 1 cm breit, 50 cm lang
- 4 Knöpfe in Rot, ø 1,5 cm
- Wickeldraht, ø 0,5 mm, 4 x 10 cm lang
- Buntstifte in Grün und Rot
- Motivlocher: Stern, ø 1,5 cm

KARTE MIT LEBKUCHENMANN

- Künstlerkartonreste in Kaffeebraun und Weiß
- Karoband in Rot-Weiß, 1 cm breit, 65 cm lang (inkl. Schleife)
- Buntstift in Grün

KUVERT

- Tonzeichenpapier in Mittelgrün, A4
- Kuvertschablone, B6
- Fotokartonreste in Weinrot, Dunkelbraun und Sand
- Karoband in Rot-Weiß, 2,5 cm breit, 17 cm lang
- Motivlocher: Stern, ø 1,5 cm

VORLAGENBOGEN 1B

1 Die Karten, das Kuvert (mithilfe einer Kuvertschablone), das sandfarbene Rechteck für die Nikolauskarte und alle Motivteile zuschneiden und den Umschlag falzen. Die kleinen Sterne mit einem Motivlocher ausstanzen oder nach Vorlage ausschneiden.

2 Die Figuren ggf. zusammenkleben, mit Plusterfarbe verzieren (bitte Herstellerangaben beachten) und nach dem Aufplustern mit einem Föhn laut Abbildung aufkleben. Das Karoband mit umgeschlagenen Enden auf das auf der Nikolauskarte fixierte Rechteck kleben bzw. die Enden auf der Kartenrückseite fixieren (Lebkuchenkarte).

3 Die Knöpfe für die Nikolauskarte mit Wickeldraht verzieren – die Enden werden mit einem Schaschlikstäbchen gelockt – und aufkleben. Die Weihnachtsgrüße mit Buntstift aufschreiben, die Kuvertlasche mit Plusterfarbe und einem Stern verzieren.

Pastellkarten

→ im skandinavischen Design

1 Das Naturpapier und den Künstlerkarton nach Vorlage zuschneiden. Die Karten in der Mitte falten und die Kartonzuschnitte nacheinander auf die Grundkarten kleben.

2 Die Motive auf den elfenbeinfarbenen Karton übertragen und mit einem Skalpellmesser exakt ausschneiden.
Nach Abbildung etwas aufgezupfte Watte auf die Ausschnitte legen und die Motive mit Klebstoff gleichzeitig auf Watte und Karte kleben. Die Sterne mit einem Motivlocher ausstanzen und auf der Karte verteilt fixieren.

3 Die Ausschnitte mit einem weißen Buntstift umranden und stellenweise goldenen, silbernen oder irisfarbenen Malglitter auftragen.

MATERIAL PRO KARTE

- Naturpapier in Rot, Hellgrün oder Hellblau, A4, Form C
- Malglitter in Kristall-Iris, Gold und Silber
- Buntstift in Weiß
- Watte

ZUSÄTZLICH KARTE MIT TANNE

- Künstlerkartonreste in Orange, Rot und Elfenbein
- Motivlocher: Stern, ø 6 mm und 2,5 cm

KARTE MIT SCHNEEKRISTALL

- Künstlerkartonreste in Hellgrün und Elfenbein
- Fotokartonrest in Tannengrün

KARTE MIT RENTIER

- Künstlerkartonreste in Mittelblau und Elfenbein
- Motivlocher: Stern, ø 6 mm und 2,5 cm

VORLAGENBOGEN 1B

Winterlandschaften

→ in Blau und Weiß

MATERIAL KARTE MIT TANNEN

- Künstlerkarton in Weiß, A4, Form D
- Künstlerkartonrest in Weiß
- Fotokarton in Blau
- Motivlocher: Stern, ø 6 mm

KARTE MIT HAUS

- Künstlerkarton in Weiß, A4, Form D
- Künstlerkartonrest in Weiß
- Fotokarton in Blau
- Gelstift in Weiß

KUVERT

- Tonzeichenpapier in Blau, A4, Form A
- Künstlerkartonrest in Weiß
- Gelstift in Weiß

VORLAGEN-BOGEN 1B

1 Aus blauem Tonzeichenpapier nach Vorlage das Kuvert zuschneiden, an den gestrichelten Linien knicken, umschlagen und am Rand zusammenkleben. Für die Karten die blauen Vierecke (10 cm x 10 cm) zuschneiden.

2 Die Landschaftsmotive auf weißen Künstlerkarton übertragen und mit einem Skalpellmesser ausschneiden.

3 Die Motivteile laut Abbildung auf die blauen Vierecke bzw. den Umschlag kleben. Die Vierecke auf die Karten setzen. Mit einem weißen Gelstift kleine Schneeflocken auftupfen. Die Sternchen mit einem Motivlocher ausstanzen und aufkleben.

Der Winter ist da

→ mit kleinen Weihnachtsboten

MATERIAL

KARTE MIT SCHNEEMANN

- Fotokarton in Rot, A4, Form C
- Künstlerkartonreste in Mittelblau, Ultramarinblau, Weiß, Orange, Rot und Schwarz
- Buntstifte in Rot und Schwarz
- Geldschein
- Bürolocher

KARTE MIT PINGUIN

- Fotokarton in Eisblau, A4, Form C
- Künstlerkartonreste in Mittelblau, Weiß, Rot, Gelb, Orange und Schwarz
- Transparentpapierrest
- Buntstifte in Rot und Schwarz
- Motivlocher: Schneeflocke, ø 1,5 cm

KARTE MIT ENGEL

- Fotokarton in Dunkelblau, A4, Form C
- Künstlerkartonrest in Chamois
- Fotokartonreste in Mittelblau, Apricot, Schwarz, Weiß und Gold
- Transparentpapierrest
- 8 Abziehsternchen in Gold, ø 4 mm bis 1 cm
- Stickfaden in Gold, ø 0,1 mm, 15 x 4 cm lang
- Buntstifte in Rot und Schwarz
- Motivlocher: Stern, ø 6 mm

VORLAGENBOGEN 2A

1 Die blauen Rechtecke zuschneiden und auf die Grundkarten kleben. Für die Karten mit Pinguin und Engel aus Transparentpapier Streifen unregelmäßig ausreißen und mit einem Klebestift (kein Flüssigkleber!) fixieren.

2 Die einzelnen Motivteile ausschneiden und laut Abbildung zusammenkleben. Die Gesichtszüge und Umrandungen mit Buntstiften aufmalen und die Figuren auf den Karten platzieren. Beim Engel einige Goldfäden mittig mit einem separaten Stück Faden zusammenbinden und als Haare aufkleben, ein kleiner Stern verdeckt die Bindestelle.

3 Schneeflocken, Schneekristalle und Sterne mit einem Bürolocher bzw. mit Motivlochern ausstanzen und ebenso wie die Klebesternchen nach Abbildung aufkleben. Dem Schneemann einen gefalteten Geldschein zwischen die Handschuhe stecken, ggf. mit etwas Klebefilm fixieren.

Tipp: Basteln Sie die kleinen Weihnachtsboten auch als Geschenkanhänger oder als Dekoration für Weihnachtspäckchen.

X-MAS
24

Kuschelige Botschaft

→ aus Filz

1 Die Karten zuschneiden. Den Stoff auf Bügelvlies bügeln, mit einer Zackenrand- oder Papierschere zuschneiden und nach Abbildung auf die Karten kleben oder aufbügeln.

2 Die Motivteile auf Transparentpapier übertragen und ausschneiden. Mit Stecknadeln die einzelnen Vorlagen auf dem Filz feststecken und exakt ausschneiden. Die kleinen Sterne mit dem Motivlocher ausstanzen oder nach Vorlage ausschneiden.

3 Die Knöpfe nach Abbildung aufnähen. Den Stamm der Tanne mit einem Stück Garn umwickeln und die Enden auf der Rückseite ankleben. Das Päckchen mit Jutegarn umwickeln und eine kleine Schleife binden.

4 Die Filzteile auf den Karten fixieren. Bei der roten Karte den Schriftzug mit Leinenzwirn aufsticken (siehe Anleitung Seite 8).

MATERIAL PRO KARTE

- grober Leinen- oder Rupfenstoffrest in Natur
- Bügelvliesrest
- dicker Filzrest oder Formfilz in Gelb und Grün sowie ggf. Rot und Blau
- Leinenzwirn in Natur
- ggf. Motivlocher: Stern, ø 1,5 cm
- Stecknadeln

ZUSÄTZLICH KARTE MIT PÄCKCHEN

- Künstlerkarton in Hellgrau, A4, Form C
- Juteschnur in Natur, ø 2,5 mm, 30 cm lang
- 3 Knöpfe in Weiß, ø 8 mm

KARTE MIT „24"

- Künstlerkarton in Grün, A4, Form C
- 2 Knöpfe in Hellgrün, ø 1,5 cm
- Zackenrandschere

KARTE MIT TANNE

- Fotokarton in Rot, A4, Form C
- 13 Knöpfe in Bunt, ø 7 mm bis 1,5 cm
- Zackenrandschere

VORLAGENBOGEN 2A

MATERIAL

KARTE MIT STERNEN

- Wellpappe in Silber, A4, Form C
- Künstlerkartonreste in Grau und Mittelblau
- doppelseitige Klebefolie, 6 mm breit, 2 x 15 cm lang
- Lurexband in Silber, 5 mm breit, 3 x 18 cm lang
- Abziehschrift in Silber: Weihnachtsgruß
- Perlkügelchen in Silber, ø 1 mm
- Rocaillesstifte in Hellblau, 5 mm lang
- Rocaillesperlen in Hellblau, ø 2,5 mm
- Motivlocher: Stern, ø 1,5 cm

KARTE MIT GLOCKEN

- Wellpappe in Schwarz-Gold, A4, Form C
- Künstlerkartonrest in Vanille
- Fotokartonrest in Gold
- doppelseitige Klebefolie, 6 mm breit, 4 x 8 cm lang und 6 cm x 6 cm
- Lurexband in Gold, 5 mm breit, 2 x 18 cm lang
- Abziehschrift in Gold: Einladung
- Perlkügelchen in Gold, ø 1 mm
- Rocaillesperlen in Orange und Rot, ø 2,5 mm
- Motivlocher: Stern, ø 6 mm

KARTE MIT TANNE

- Wellpappe in Gold, A4, Form C
- Künstlerkartonrest in Chamois
- Fotokartonrest in Tannengrün
- doppelseitige Klebefolie, 10 cm x 10 cm
- Lurexband in Gold, 5 mm breit, 12 cm lang
- Abziehschrift in Silber: Weihnachtsgruß
- Rocaillesstifte in Dunkelgrün, 5 mm lang
- Rocaillesperlen in Hell- und Dunkelgrün, ø 2,5 mm
- Motivlocher: Stern, ø 1,5 cm
- Zackenrandschere

VORLAGENBOGEN 2A

Perlenglanz

→ festliche Karten

1 Die Karten zuschneiden. Nach Vorlage den Karton für die geometrischen Formen mit einer Zackenrand- oder Papierschere ausschneiden.

a Bei der silbernen Karte die Klebestreifen auf dem blauen Rechteck anbringen, die obere Schutzfolie entfernen und die Karte in die auf einem Teller gemischten Perlen drücken, ggf. sichtbare Klebestellen mit separaten Kügelchen auffüllen. Zum besseren Halt die Perlenstreifen ca. eine Minute lang mit einem Haarföhn erwärmen, dabei lassen sich einzelne abstehende Perlen noch in Form drücken. Die Kartonteile der Karte aufeinander kleben.

b Das Glockenmotiv auf die Schutzfolie der Klebefolie übertragen und ausschneiden. Zuerst nur die Schutzfolie für die rote Glocke abziehen (Schutzfolie mit Skalpell entsprechend einschneiden). Erst wenn diese mit Kügelchen beklebt ist (siehe 1a), die Schutzfolie für die zweite Glocke abziehen und diese gestalten. Den Rand des hellen Quadrates mit Klebestreifen einfassen und mit Perlkügelchen bestreuen (siehe 1a). Die Glocken auf das Quadrat kleben und dieses auf der Grundkarte fixieren.

c Für das Tannenmotiv die Vorlage auf die Schutzfolie übertragen, ausschneiden, die obere Schutzfolie abziehen und die Tanne in die auf dem Teller gemischten Perlen drücken (siehe auch 1a). Die Tanne auf den hellen Karton und diesen auf die Karte kleben.

2 Die Karten mit ausgestanzten Sternen, Schriftzügen und ggf. Bändern verzieren (Bandenden bei den Karten mit Sternen und Glocken auf der Innenseite mit Klebefilm fixieren).

Frohe Festtage
Frohe Festtage
Frohe Festtage
Einladung
Frohe Festtage

Frohe Weihnachten
Merry Christmas
20
Für ein Geschenk!
24
Für ein himmlisches Vergnügen!

Geldgeschenke

→ weihnachtlich verpackt

1 Nach Vorlage die Grundkarten aus dem silbernen und goldenen Karton zuschneiden. Die Innenränder des Silberkartons mit einer Zackenrandschere nachschneiden.

a In die Karte mit Stern zuerst das blaue, dann das Transparentpapier einlegen. Mit einer dicken Stopfnadel laut Markierung in Karte und Stern jeweils zwei Löcher einstechen. Die Enden der Silberkordel von der Kartenrückseite durchfädeln, die Kartenseiten zuklappen und den Stern auffädeln. Den wie eine Ziehharmonika gefalteten Geldschein einknoten und mit der Kordel eine Schleife binden. Kleine Sternchen ausstanzen und auf die Karte kleben, mit zwei größeren Sternen werden die Kordelenden auf die Karte geklebt.

b Für die blaue Passepartoutkarte den Geldschein zu einer Kerze falten, aus Silberkarton die Flamme ausschneiden und mit einem Stück Klebefilm in der Kerze fixieren. Die Kerze in den Ausschnitt stecken, ggf. von der Innenseite mit etwas Klebefilm fixieren. Das Einlegeblatt auf der Karteninnenseite an den Außenrändern fixieren. Die Karte mit Sternen und Schrift verzieren.

c Für die Karte mit Fenster den Ausschnitt auf blauen Karton zeichnen und mit einem Skalpellmesser am oberen und unteren Rahmen sowie in der Mitte einschneiden (siehe Skizze). Eine Falzlinie für die Knickstelle ziehen. Die Fensterläden in Gold umranden, beschriften und aufklappen. Den Geldschein mit Klebefilmstreifen hinter dem Fensterausschnitt fixieren. Den blauen Karton nur an den Außenrändern auf die goldene Karte kleben und mit ausgestanzten Sternchen, einer aufgeschriebenen Botschaft und aufgetupften Glitterpunkten verzieren. Ein umgebundenes Band kann ein Einlegeblatt halten.

MATERIAL

KARTE MIT STERN

- Fotokarton in Silber, A4, Form C
- Künstlerkarton in Mittelblau, 11,8 cm x 17 cm (Einlegeblatt)
- Transparentpapier mit Schrift: Frohe Weihnachten, 11,8 cm x 17 cm (Einlegeblatt)
- Fotokartonrest in Königsblau
- Lurexkordel in Silber, ø 1 mm, 30 cm lang
- Motivlocher: Stern, ø 6 mm
- Zackenrandschere
- Geldschein

KARTE MIT KERZE

- Passepartoutkarte mit rechteckigem Ausschnitt in Mittelblau, A6
- Künstlerkarton in Eisblau, 12 cm x 17 cm (Einlegeblatt)
- Fotokartonrest in Silber
- Gelstift in Silber
- Geldschein

KARTE MIT FENSTER

- Fotokarton in Gold, A4, Form C
- Künstlerkarton in Mittelblau, 10,5 cm x 15 cm
- Lurexband in Gold, 6 mm breit, 30 cm lang
- Gelstift in Gold
- Malglitter in Gold
- Motivlocher: Stern, ø 6 mm und 1,5 cm
- Geldschein

VORLAGENBOGEN 2A

Frohe Weihnachten

→ klassische Formen

MATERIAL KARTE MIT KERZEN

- Fotokarton in Bordeaux, A4, Form C
- Künstlerkartonrest in Graublau
- Tonzeichenpapierreste in Mango und Lavendel
- Gelstift in Weiß

KARTE MIT TANNE

- Doppelkarte in Chamois, A6
- Tonzeichenpapierreste in Mittelblau, Gelb und Grün
- Gelstift in Weiß

KARTE MIT STERN

- Künstlerkarton in Bordeaux, A4, Form C
- Künstlerkartonrest in Chamois
- Tonzeichenpapierrest in Mango
- Motivlocher: Stern, ø 6 mm und 2,5 cm

VORLAGENBOGEN 2B

1 Mit dem PC persönliche Weihnachtsbotschaften entwerfen und auf farbiges Tonzeichenpapier bzw. Künstlerkarton drucken (ggf. auf dickeren Karton kopieren). Die Grundkarten zuschneiden.

2 Die einzelnen Motive vom Vorlagenbogen auf Tonzeichenpapier übertragen und ausschneiden. Für die Sternenkarte werden die mittelgroßen Sterne mit einem Motivlocher ausgestanzt und nach Abbildung halbiert.

3 Alle ausgeschnittenen Motive und die bedruckten Zuschnitte nach Abbildung auf den Karten anordnen und aufkleben. Mit einem weißen Gelstift die Schneeflocken auftupfen und die Kerze verzieren.

Feliz Navidad Joyeux Noel
Kerstagen Bonne Anne´e
Merry Christmas Feliz
Buon Natale
Bonne Anne´e Frohe Weihnachten
Feliz Navidad
Prettige Kerstagen
Merry Christmas
Buon Natale

Sternen-Weihnacht

→ Ton in Ton gestaltet

MATERIAL
KARTE MIT TANNE

- Künstlerkarton in Bordeaux, A4, Form C
- Künstlerkarton in Terrakotta, 12 cm x 17 cm groß (Einlegeblatt)
- Fotokartonrest in Chamois
- Lurexkordel in Gold, ø 1,5 mm, 1 m lang
- Motivlocher: Stern, ø 1,5 cm
- Gelstift in Gold

KARTE MIT STERNEN

- Künstlerkarton in Terrakotta, A4, Form C
- Tonzeichenpapier in Schokobraun, 12,8 cm x 23,2 cm (Einlegeblatt)
- Wellpapperest in Braun
- Fotokartonreste in Chamois und Rotbraun
- Lurexkordel in Gold, ø 1,5 mm, 1 m lang
- Gelstift in Gold
- Motivlocher: Stern, ø 1,5 cm
- Zackenrandschere

KUVERT

- Tonzeichenpapier in Bordeaux, A4
- Kuvertschablone, B6
- Tonzeichenpapierreste in Chamois und Rotbraun
- Motivlocher: Stern, ø 1,5 cm und 2,5 cm
- Gelstift in Gold

VORLAGENBOGEN 2B

a Für die Karte mit Tanne die bordeauxfarbene Grundkarte auf dem Deckblatt mittig durchschneiden und das terrakottafarbene Einlegeblatt dahinter kleben. Erst die Sterne ausstanzen, dann nach Vorlage die Quadrate ausschneiden, sodass die Sterne mittig platziert sind. Den Tannenbaum und die restlichen Sterne aus chamoisfarbenem Karton ausschneiden bzw. ausstanzen. Die Motivteile laut Abbildung aufkleben. Die Umrandungen aufmalen und die Karte beschriften. Eine doppelt gelegte Goldkordel um die Karte schlingen und verknoten, mit dieser kann auch ein zusätzliches Einlegeblatt fixiert werden.

b Die terrakottafarbene Karte zuschneiden und den Kartenrand mit der Zackenrandschere nachschneiden. Den Wellpappestreifen aufkleben und mit Gelstift umranden. Zuerst die Sterne ausstanzen, dann die Quadrate schneiden und ebenso wie das beschriftete Schild aufkleben. Das braune Tonzeichenpapier mittig falten und in die Karte legen. Eine doppelt gelegte Schnur um die Karte und das Einlegeblatt schlingen und verknoten.

c Für das Kuvert das bordeauxfarbene Tonzeichenpapier mithilfe einer Schablone zuschneiden und falten. Den Kartonstreifen aufkleben und beschriften. Die Sterne ausstanzen und laut Abbildung aufkleben. Das Kuvert mit gestrichelten Goldlinien einfassen und einige Sterne umranden.

Merry Christmas
Feliz Navidad
Best Wishes
Merry Christmas
Frohes Weihnachtsfest

Festliche Grüße

→ edel geprägt

MATERIAL PRO KARTE

- Plakatkartonrest in Gold
- Abziehschrift in Gold: Weihnachtsgruß
- Messing-Prägeschablone: Sterne
- Stricknadel oder Prägestift
- weiche Kartonunterlage

ZUSÄTZLICH KARTE MIT HÄUSERN

- Wellpappe in Natur, A4, Form C
- Künstlerkartonrest in Bordeaux

KARTE MIT GLOCKE

- Fotokarton in Rot-Orange, Form D
- Wellpapperest in Gold
- Fotokartonrest in Rotbraun
- Lurexkordel in Gold, ø1 mm, 1 m lang

KARTE MIT TANNE

- Künstlerkarton in Bordeaux, A4, Form C
- Künstlerkartonrest in Chamois
- Wellpapperest in Natur
- 6 Abziehsternchen in Gold: Silhouettensterne, ø 8 mm bis 1,5 cm

VORLAGENBOGEN 2B

1 Die Karten und die verschiedenen geometrischen Formen nach Vorlage zuschneiden. Die Zuschnitte nach Abbildung aufeinander kleben.

2 Die Motive vom Vorlagenbogen auf dünnes Transparentpapier übertragen. Das Transparentpapier mit Klebefilm auf dem Goldkarton fixieren und die Konturen mit einem Prägestift auf den Plakatkarton durchdrücken. Die Motive ausschneiden. Für die Sterne bei der Karte mit Tanne Abziehsterne auf den Goldkarton kleben und an der Kontur entlang ausschneiden.

3 Die einzelnen Goldkartonteile auf eine weiche Unterlage legen und mithilfe einer Sternenschablone die Umrisse der Ministernchen auf die Glocke und die größeren Sterne für die Karte mit Häusern prägen. Freihand die Spiralen auf der Tanne und die Kringel am Glockenrand eindrücken. Die Häuserfront und die feinen Umrisskonturen von der Transparentpapiervorlage wie in Schritt 2 beschrieben durchdrücken.

4 Die fertigen Motive auf die Karten kleben und die selbstklebenden Schriftzüge aufbringen. Glocke und großen Stern zuvor mit einem Stück Kordel verbinden. Die Karte mit einer dünnen Kordel umschlingen und zusätzlich eine kleine Schleife ankleben.

Frohe Weihnachten
Frohe Weihnachten
Frohe Festtage

Mosaikkarten

→ Engel und Schneemann lassen grüßen

MATERIAL

KARTE MIT ENGEL

- Künstlerkarton in Dunkelmint, A4, Form C
- Serviettenmotiv: Engel
- doppelseitige Klebefolie, ca. 10 cm x 10 cm
- Tonzeichenpapierreste in Weiß und Gelb
- Motivlocher: Stern, ø 6 mm und 1,5 cm
- Gelstift in Schwarz und Gold

KARTE MIT SCHNEEMANN

- Künstlerkarton in Weinrot, A4, Form C
- Serviettenmotiv: Schneemann
- Tonzeichenpapierrest in Silber
- doppelseitige Klebefolie, ca. 12 cm x 12 cm
- Plusterfarbe in Weiß
- Gelstift in Weiß
- ggf. Papierflechtnadel

VORLAGENBOGEN 1A

1 Die Grundkarten zuschneiden und falten. Die Serviettenmotive grob ausschneiden.

2 Die beiden unbedruckten Papierlagen der Servietten ablösen, die obere Schutzfolie der Klebefolie entfernen und die Motive aufziehen. Bei dem Engelmotiv anschließend die untere Schutzfolie entfernen und das Motiv auf weißes Papier kleben.

3 Auf der Rückseite der Motive die Aufteilung der einzelnen Felder nach Skizze aufmalen. Mit einem Lineal und einem Skalpellmesser die Felder exakt ausschneiden. Die Motivfelder nach Vorlage mit Bleistift auf den Karten markieren.

a Beim Schneemann die untere Schutzfolie entfernen und die selbstklebenden Teile in den vorgezeichneten Feldern anordnen. Am unteren Ende der Karte mit einem Skalpell Schnitte anbringen und den silbernen Papierstreifen durchfädeln, ggf. eine Flechtnadel benutzen. Die Schneeflocken mit Plusterfarbe aufsetzen und die Karte mit einem Gelstift beschriften.

b Beim Engel die Motivteile mit Klebstoff fixieren und die Karte mit ausgestanzten Sternen verzieren. Den Ausschnitt mit schwarzem und goldenem Gelstift einrahmen und am oberen und unteren Kartenrand eine Strich-Punkt-Linie zeichnen (Lineal anlegen). Die Sterne schwarz umranden und die Karte beschriften.

Neujahrswünsche

→ glänzend gestaltet

1 Die Metallteile auf Transparentpapier übertragen. Das Alublech mit der Vorderseite auf eine weiche Unterlage legen und die Vorlage mit Klebefilm darauf fixieren. Mit einem Prägestift die Konturen durchdrücken.

2 Mit einer alten Schere die Blechmotive ausschneiden und die Innenseiten mit einem Prägelöffel oder abgerundetem Kochlöffelstiel nachdrücken.

a Bei der Karte mit Jahreszahl die Sternenschweife und den Rahmen mit Malglitter aufmalen. Die Paillettensterne mit einem größeren Klecks Malglitter aufsetzen, den herausquellenden Glitter mit einer Nadel strahlenförmig verziehen und trocknen lassen.

b Den blauen Zuschnitt bei der Karte mit Glücksbringern mit Effektdraht umwickeln und die Drahtenden an der Rückseite mit Klebefilm fixieren. Den Karton auf die Grundkarte kleben.

3 Die Blechmotive und einzelne Sternchen mit Klebstoff auf den Karten anordnen. Die Sterne auf der dunkleren Karte mit einem Tupfer Malglitter verzieren und mit Gelstiften die Neujahrsgrüße aufschreiben.

WEITERFÜHRUNG

Neujahrswünsche

MATERIAL
- Alublechrest bzw. Metallprägefolie in Silber, 0,3 mm stark
- Prägestift
- ggf. Prägelöffel oder Kochlöffelstiel
- Malglitter in Silber

ZUSÄTZLICH KARTE MIT JAHRESZAHL
- Künstlerkarton in Hellgrau, A5, Form B
- 8 bunte Paillettensterne, ø1 cm
- Gelstift in Schwarz

KARTE MIT GLÜCKSBRINGERN
- Künstlerkarton in Flieder, A4, Form C
- Fotokartonrest in Mittelblau
- 6 Paillettensterne in Schwarz, ø 1 cm
- Effektdraht in Silber, ca. 1,3 m lang
- Gelstift in Silber

VORLAGENBOGEN 2B

DIESES BUCH ENTHÄLT 2 VORLAGENBOGEN

IMPRESSUM

FOTOS: frechverlag GmbH, 70499 Stuttgart; Fotostudio Ullrich & Co., Renningen
MATERIALFOTO/ZEICHNUNGEN: Ottmar Heinzmann
DRUCK: frechdruck GmbH, 70499 Stuttgart

Herzlichen Dank an die Firmen Hobbygross Erler, Rohrbach, Rayher, Laupheim, Knorr Prandell, Lichtenfels, Heyda, Hagen und Bähr, Kassel für die freundliche Unterstützung.

Auflage:	5.	4.	3.	2.	1.	
Jahr:	2008	2007	2006	2005	2004	[Letzte Zahlen maßgebend]

ISBN 3-7724-3297-2
Best.-Nr. 3297